Welches Foto wurde wann aufgenommen? Trage die englischen Jahreszeiten richtig ein, und du erfährst den Namen der Fotografin. Lies die Lösungsbuchstaben in der Reihenfolge der Jahreszeiten.

Lösung

Die Fotografin heißt GINA.

Kevin soll Früchte, Gemüse und etwas fürs Frühstück einkaufen. Leider hat er sein ganzes Kleingeld verloren. Hilf ihm, und kreise alle Münzen ein. Wie viele sind es?

Bunte Pause

Lösung

fruit
strawberry
pear
apple
grapes
lemon
banana
water melon
cherry
pineapple
orange
vegetables
tomato
cucumber
carrot
lettuce
potato
mushroom
egg
cheese
jam
milk
onion
butter
bread
honey
eight
coins
Münzen

Huuii! Jedes Gespenst hat eine andere Eigenschaft. Verbinde die Gespenster mit dem jeweils passenden Adjektiv, und sprich dazu: This ghost is ...

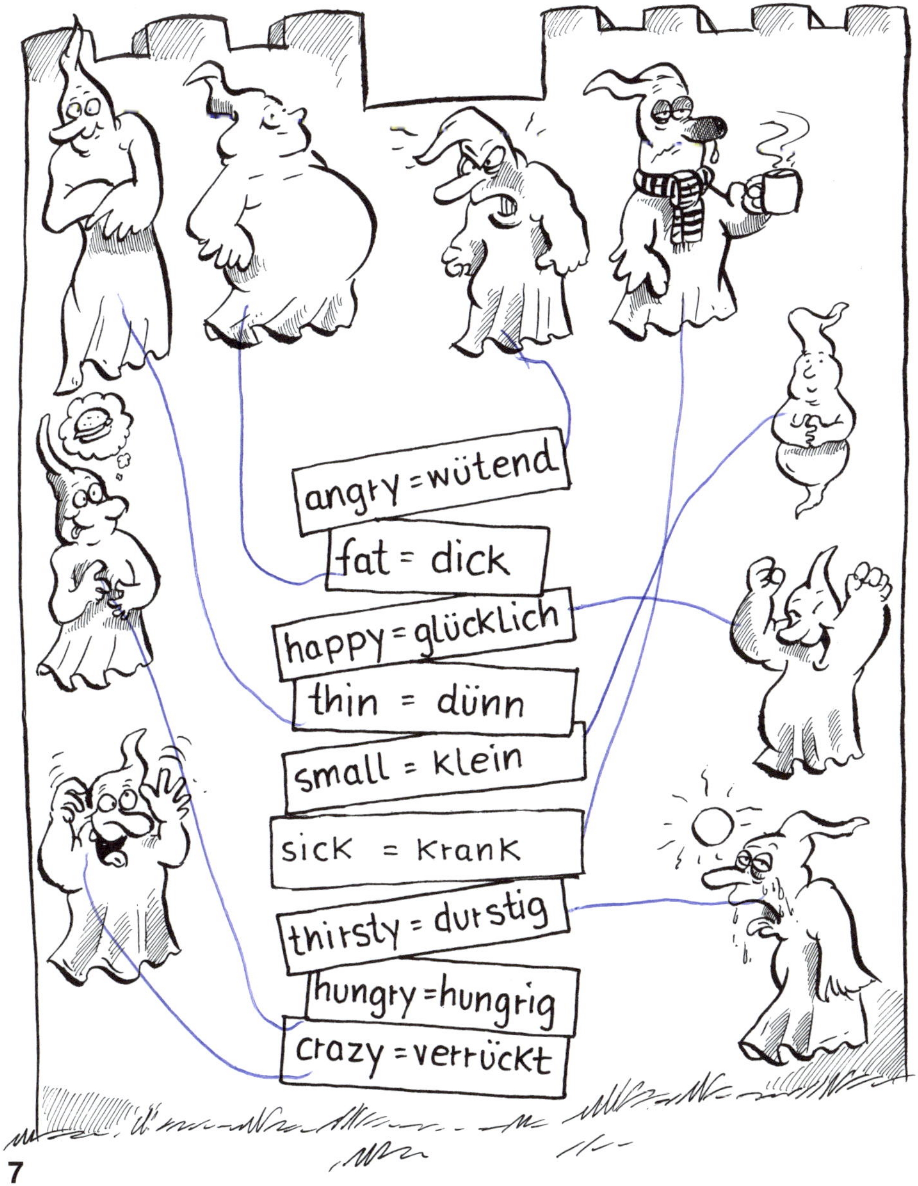

Lösung

angry = wütend
fat = dick
happy = glücklich
thin = dünn
small = klein
sick = krank
thirsty = durstig
hungry = hungrig
crazy = verrückt

Tom und seine Eltern ziehen um. Einige Möbel haben sie schon aus dem Umzugswagen geräumt. Trage die englischen Bezeichnungen ein, und streiche sie auf dem LKW durch. Welche Sachen sind noch im Wagen?

Lösung

armchair
Sessel
cupboard
Schrank
shelves
Regal
sofa
Sofa
lamp
Lampe
desk
Schreibtisch
table
Tisch
bed
Bett
carpet
Teppich
chair
Stuhl
lamp
sofa
chair
table
carpet
bed
armchair
parents
Eltern

Die Tiere sitzen rund um den Tisch. Doch wo genau befinden sie sich? Schau dir das Bild an, dann kannst du die englischen und deutschen Wörter richtig verbinden. Das Lösungswort nennt dir das englische Wort für Tiere.

- beside (I)
- behind (N)
- under (A)
- in front of (A)
- on (M)
- between (S)
- in (L)

(A)	vor
(N)	hinter
(I)	neben
(M)	auf
(A)	unter
(L)	in
(S)	zwischen

Lösung

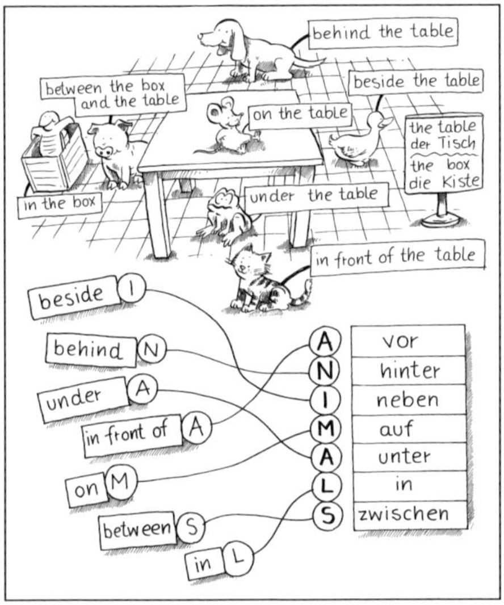

behind the table
between the box and the table
beside the table
on the table
the table
der Tisch
the box
die Kiste
in the box
under the table
in front of the table
beside I
behind N
under A
in front of A
on M
between S
in L
A vor
N hinter
I neben
M auf
A unter
L in
S zwischen

Male das Bild in den angegebenen Farben aus, dann kannst du das Mäuserennen richtig sehen.

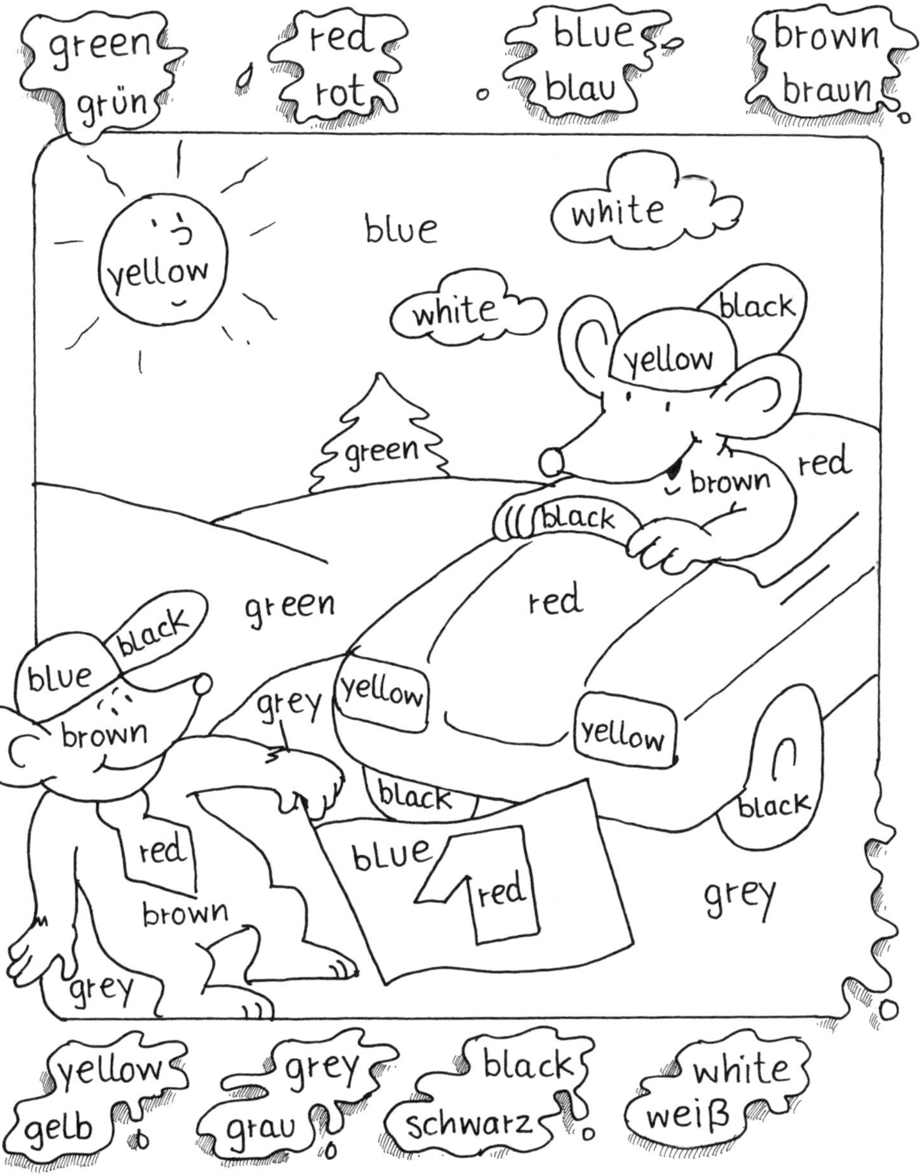

Lösung

green
grün
red
rot
blue
blau
brown
braun
yellow
blue
white
white
black
yellow
green
brown
red
black
green
red
black
blue
brown
grey
yellow
yellow
black
red
blue
red
brown
grey
grey
yellow
gelb
grey
grau
black
schwarz
white
weiß

Andrew hat alle Verkehrsmittel, die er von seinem Turm sehen kann, auf einem Plan eingetragen. Kannst du die Wörter entdecken? Kreise sie ein.

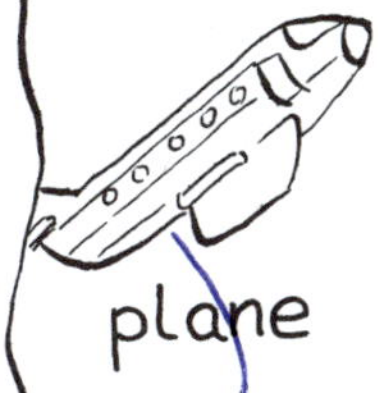

h	e	t	r	a	i	n	f	m	o	g
e	s	r	u	n	j	m	h	o	z	k
l	o	a	n	t	a	x	i	t	r	p
i	b	m	r	b	f	v	h	o	s	l
c	i	l	k	a	n	g	i	r	y	a
o	k	p	l	x	n	e	b	b	c	n
p	e	i	n	t	w	s	h	i	f	e
t	c	b	u	h	l	b	i	k	n	t
e	l	u	l	o	r	r	y	e	v	g
r	e	s	h	i	p	i	j	w	a	f

Lösung

bike
motorbike
train
ship
tram
bus
taxi
helicopter
plane
lorry
h e t r a i n f m o g
e s r u n j m h o z k
l o a n t a x i t r p
i b m r b f v h o s l
c i l k a n g i r y a
o k p l x n e b b c n
p e i n t w s h i f e
t c b u h l b i k n t
e l u l o r r y e v g
r e s h i p i j w a f

Oje, die Maus hat zwei Teller zerbrochen! Verbinde jeweils die richtige Scherbe mit dem Teller, und schreibe immer das passende englische Zahlwort in die Tellermitte.

Bunte Pause

Lösung

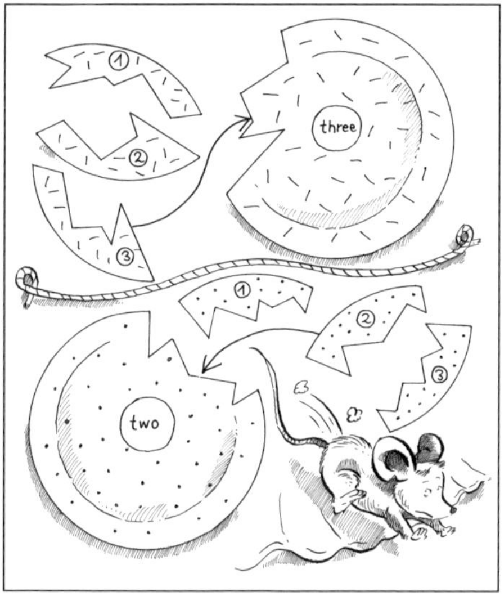

Was ist denn hier unterwegs? Verbinde die Zahlen in der richtigen Reihenfolge, dann weißt du es.

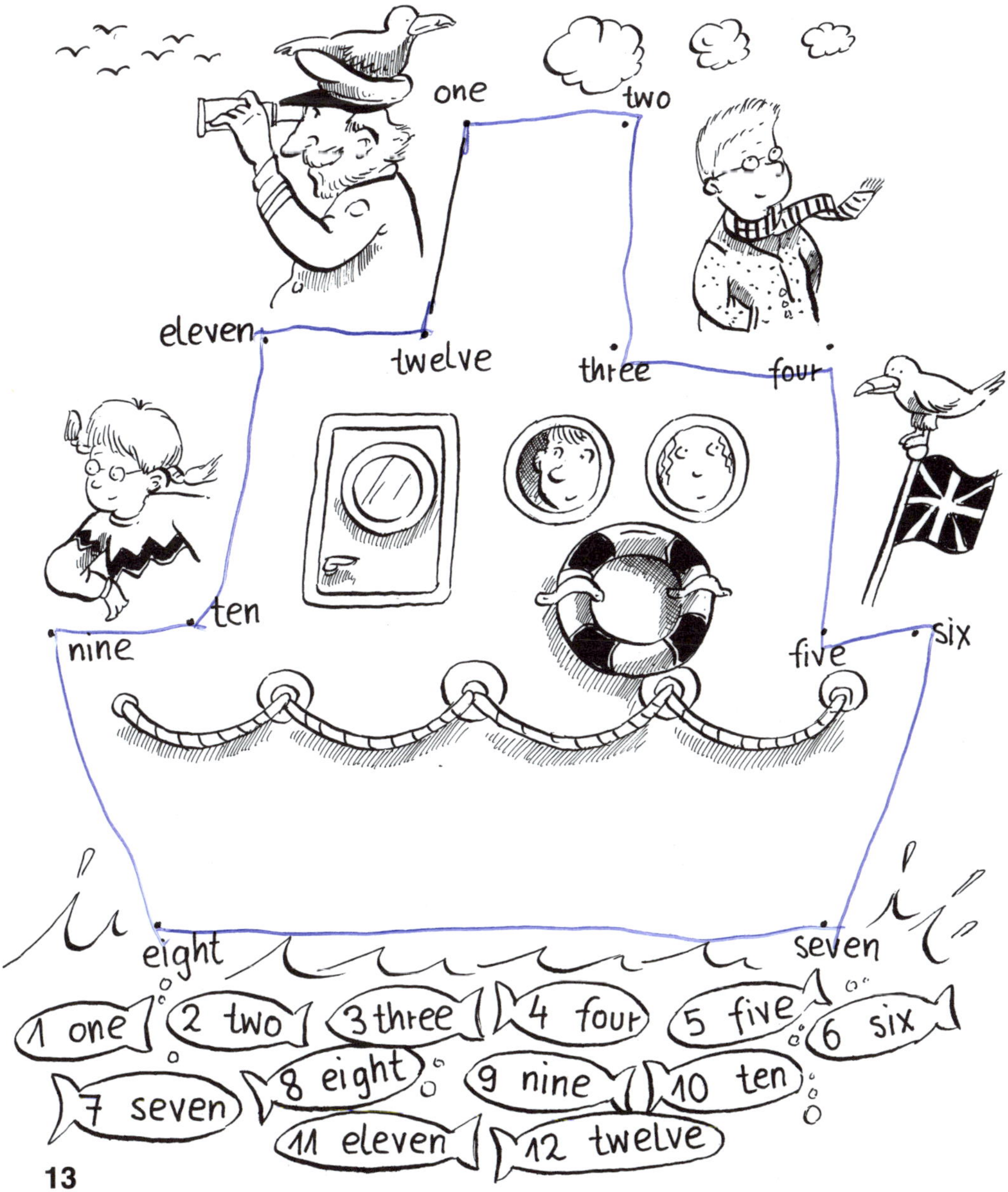

Lösung

It’s a **ship**.
Es ist ein **Schiff**.

So viele Geschenke! Doch welche Pakete hat Ally zu Weihnachten, welche zu Ostern und welche zum Geburtstag bekommen? Lies die Purzelbuchstaben, und ordne die Geschenke mit Linien zu.

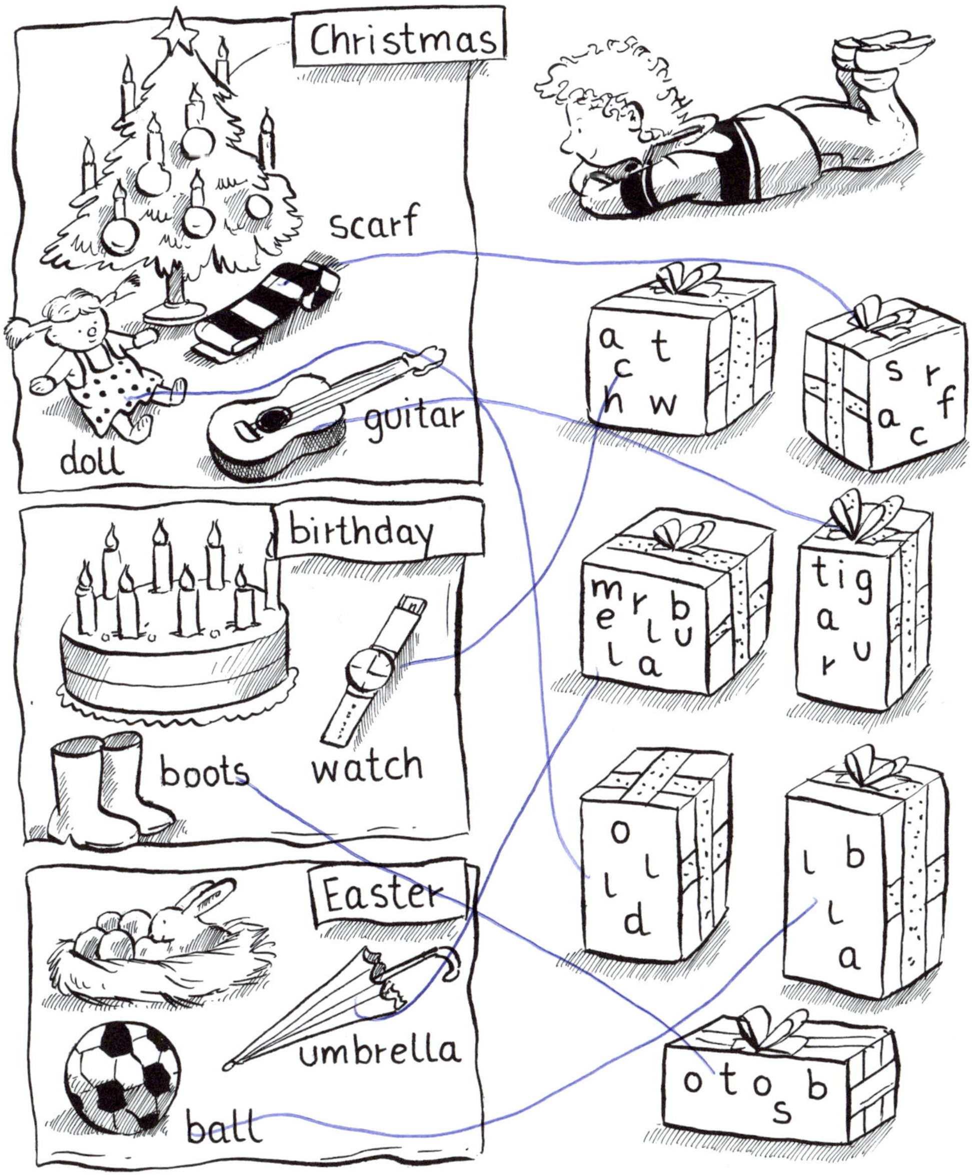

Lösung

Christmas
scarf
guitar
doll
birthday
boots
watch
Easter
umbrella
ball

Fischer Fred liebt Fragewörter. Hilf ihm, und kreise auf seinem Segel alle Fragewörter ein. Findest du alle fünf?

Lösung

W O W E W O E N
E H N W H A T A
W A E H E W H Y
H O N W R A N O
O E W H E N H W
N O H R H E N N
what = was
who = wer
when = wann
where = wo
why = warum
?

Kevin möchte Gemüse und Obst abwiegen, doch welche Nummer muss er jeweils drücken? Lies die Purzelwörter, dann kannst du die Zahlen richtig eintragen.

Lösung

onion
pear
tomato
grapes
potato
lemon
cucumber
lettuce
pineapple

So ein toller Ausblick! Welche Dinge kann Bob von seinem Ballon aus sehen? Lies die Wörter auf dem Ballon, und male alle richtigen Wortfelder an.

Lösung

street
Straße
bridge
Brücke
house
Haus
river
Fluss
church
Kirche
bus
Bus
school
Schule
boat
Boot
hospital
Krankenhaus
car
Auto
forest
Wald
lake
see

Anglerglück oder Anglerpech?
Folge den Schnüren, dann weißt du,
wer den Fisch am Haken hat.

Bunte Pause

Lösung

Weißt du, welcher Monatsname zu welchem Kalenderblatt gehört? Verbinde richtig, und male die Paare jeweils gleich an.

January Januar	February Februar	March März	April April	May Mai	June Juni
July Juli	August August	September September	October Oktober	November November	December Dezember

Lösung

1
2
3
4
12
5
11
6
10
7
9
8
January
April
March
February
July
August
May
June
December
October
November
September
January Januar
February Februar
March März
April April
May Mai
June Juni
July Juli
August August
September September
October Oktober
November November
December Dezember

Kombiniere! Kannst du den Kaufhausdieb nach der Beschreibung des Jungen überführen? Hilf dem Polizisten, und trage den richtigen Namen ein.

Lösung

The man has got a coat, a hat, trousers, socks and shoes.
Bob
Tom
John
Joe
The thief is... Joe
Der Dieb ist...
coat Mantel
hat Hut
trousers Hose
socks Socken
shoes Schuhe

Oje, im Fotoalbum sind alle Bilder durcheinandergeraten. Verbinde immer die beiden Personen, die zusammengehören. Das Lösungswort verrät dir dann das englische Wort für Familie.

Lösung

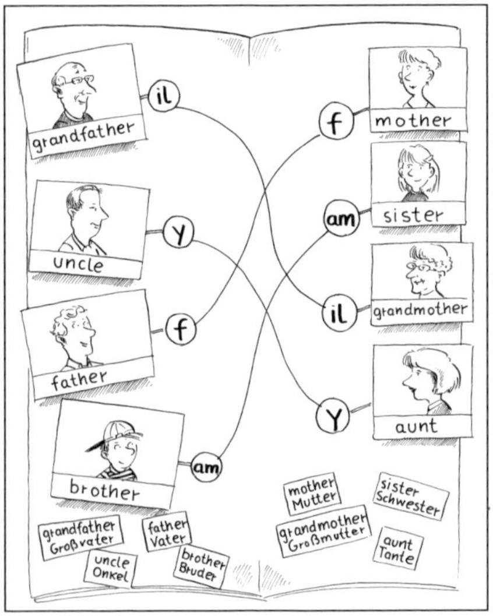
grandfather
il
uncle
Y
father
f
brother
am
f
mother
am
sister
il
grandmother
Y
aunt
grandfather
Großvater
uncle
Onkel
father
Vater
brother
Bruder
mother
Mutter
grandmother
Großmutter
sister
Schwester
aunt
Tante

Zukunftsträume! Jedes Kind hat einen anderen Berufswunsch. Ergänze die englischen Sätze passend zur Kleidung der Kinder. Die Wörterliste hilft dir dabei.

Lösung

butcher Metzger
farmer Bauer
policeman Polizist
cook Koch
doctor Arzt
teacher Lehrer
baker Bäcker
I want to be a policeman.
I want to be a farmer.
I want to be a teacher.
I want to be a butcher.
I want to be a doctor.
I want to be a cook.
I want to be a baker.

Oh Schreck, es ist Geisterstunde! Oder etwa nicht? Verbinde die Zeitangaben der Gespenster mit der jeweils passenden Uhr, und du erfährst das englische Wort für Gespenst.

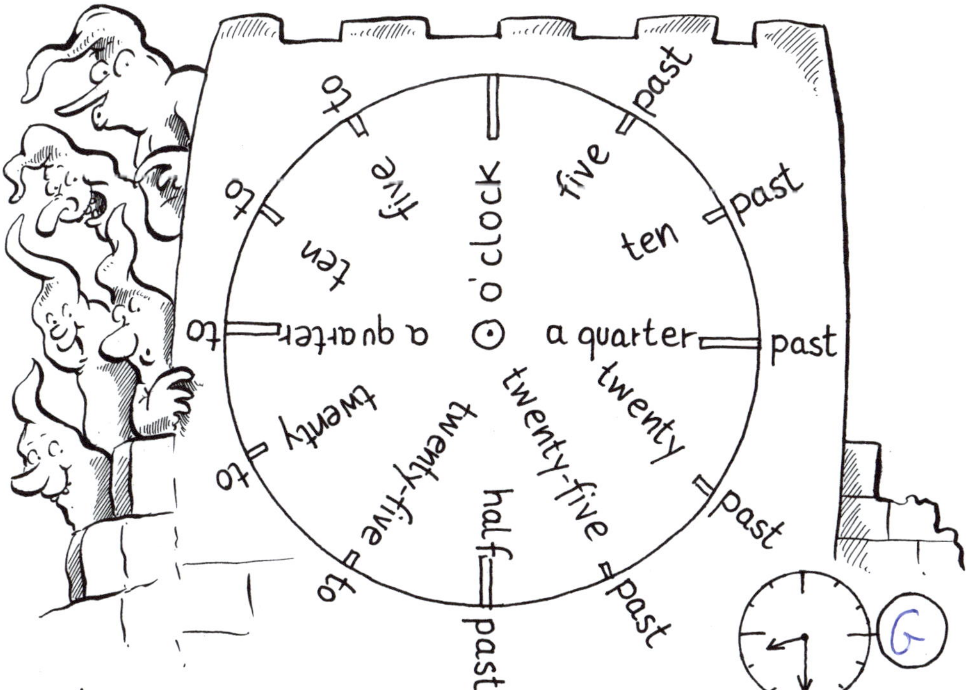

It's ten past three. (H)

It's a quarter past one. (S)

It's nine o'clock. (T)

It's half past eight. (G)

It's five to ten. (O)

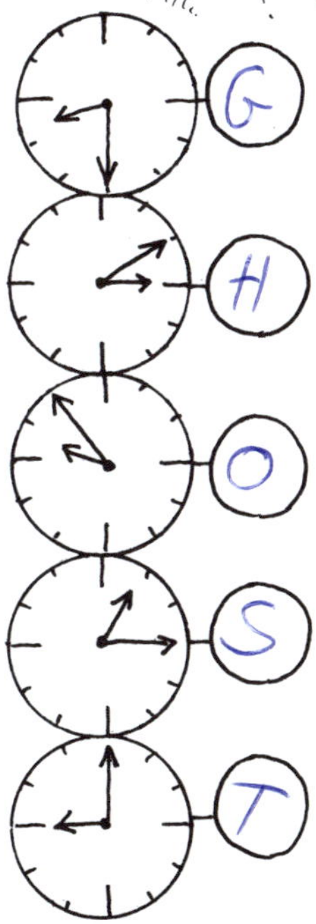

Lösung

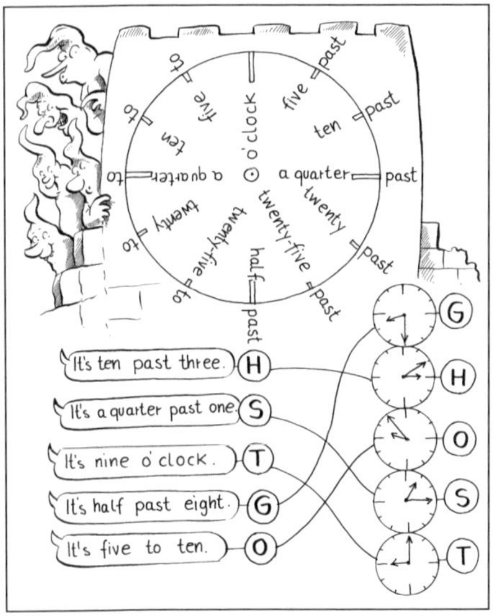

o'clock
five
past
ten
past
a quarter
past
twenty
past
twenty-five
past
half
past
twenty-five
to
twenty
to
a quarter
to
ten
to
five
to
It's ten past three.
H
It's a quarter past one.
S
It's nine o'clock.
T
It's half past eight.
G
It's five to ten.
O
G
H
O
S
T

Jede Menge Katzen leben auf dem Bauernhof. Aber wie viele sind es genau? Kreise alle Katzen ein, und trage die richtige Anzahl als englisches Zahlwort ein.

Bunte Pause

8 cats

Lösung

Ach, du Schreck! Meister Max hat bei jedem Teddybären etwas vergessen. Trage die fehlenden Körperteile ein, damit Max sie schnell hinzufügen kann.

ear | leg | nose | foot

arm | eye | hand | mouth

Lösung

ear
leg
nose
foot
arm
eye
hand
mouth
eye
nose
mouth
ear
arm
hand
leg
foot

Alle haben es eilig, doch wer geht gerade wohin? Verbinde jeden mit dem richtigen Ort, und sprich jeweils den passenden englischen Satz dazu.

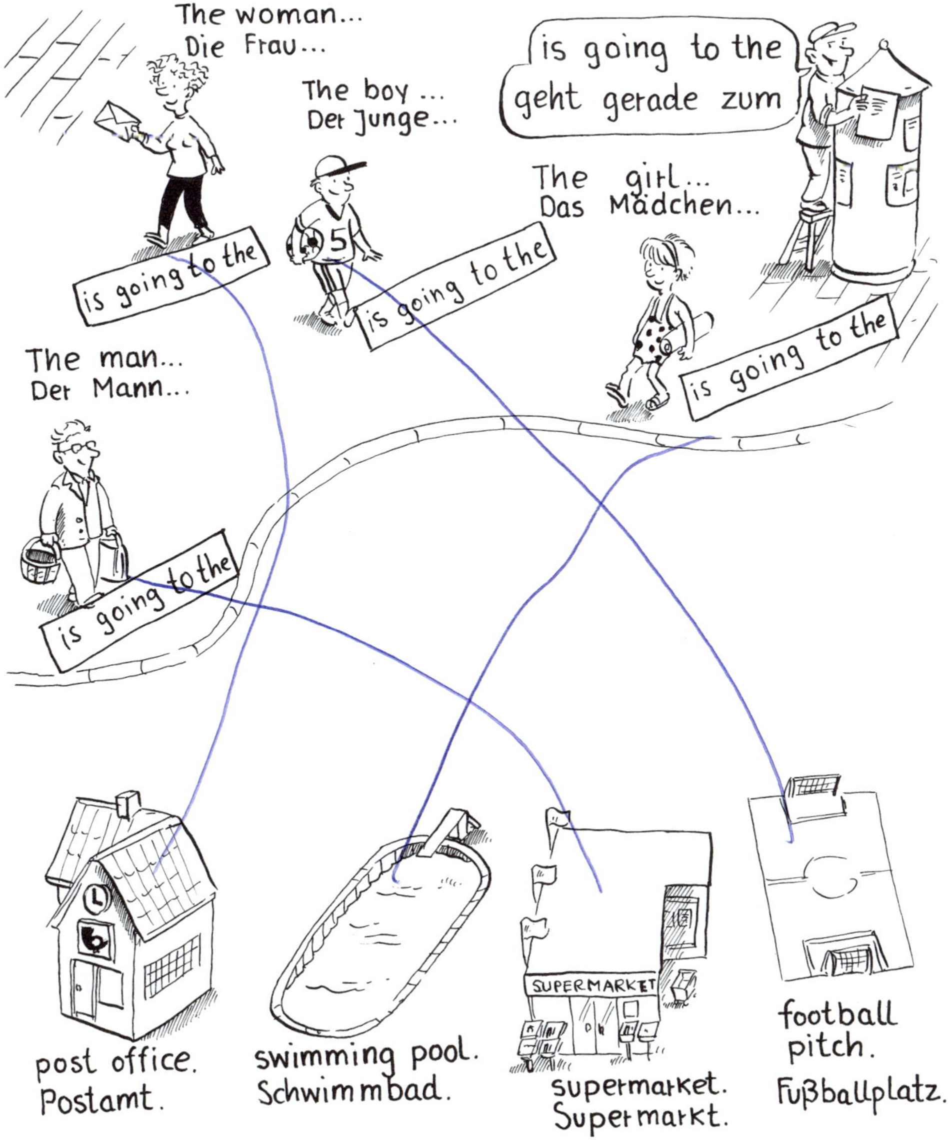

Lösung

The woman...
Die Frau...
The boy ...
Der Junge...
is going to the
geht gerade zum
The girl...
Das Mädchen...
is going to the
is going to the
is going to the
The man...
Der Mann...
is going to the
SUPERMARKET
post office.
Postamt.
swimming pool.
Schwimmbad.
supermarket.
Supermarkt.
football
pitch.
Fußballplatz.

Dem Vater ist kalt: Er braucht warme Getränke. Der Sohn dagegen schwitzt und möchte nur kalte Getränke. Verbinde richtig, dann sagen dir die Lösungsbuchstaben die englischen Wörter für heiß und kalt.

C	apple juice
O	lemonade
L	coke
d	mineral water

coffee	H
hot chocolate	O
tea	T

drinks

Lösung

apple juice Apfelsaft
coke Cola
hot chocolate Kakao
lemonade Limonade
coffee Kaffee
mineral water Mineralwasser
tea Tee
cup
spoon
bottle
knife
teapot
plate
fork
glass
cocoa
apple juice
lemonade
coke
mineral water
coffee
hot chocolate
tea
drinks
c
o
l
d
h
o
t

Tom schreibt an seinen neuen Brieffreund.
Leider hat er auf einige Wörter Tinte gekleckst. Kannst du ihm helfen?
Trage die fehlenden Buchstaben ein.

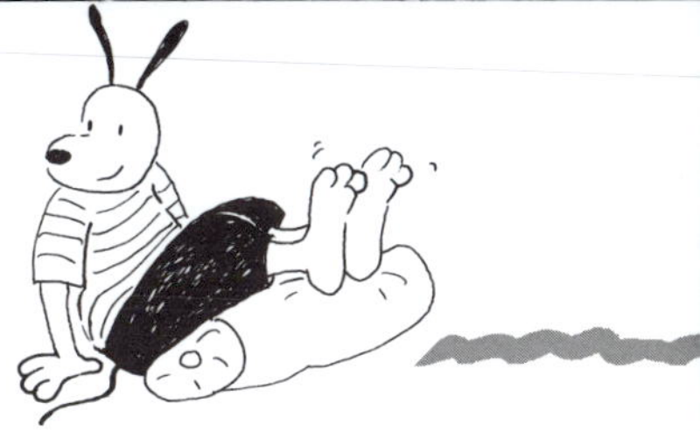

Lösung

father Vater
friend Freund
year Jahr
old alt
name Name
mother Mutter
Hello my friend!
My name is Tom.
I'm seven years old.
Bill is my father.
Mary is my mother.

Hmm, wie lecker! Doch welcher Kellner serviert welche Mahlzeit? Achte immer auf das Tablett und die Uhrzeit, und ergänze die englischen Sätze richtig.

Lösung

dinner
Abendessen
lunch
Mittagessen
breakfast
Frühstück
It's time for breakfast
It's time for dinner .
It's time for lunch .

Auf jedem Bild macht der kleine Vogel Birdy etwas anderes. Trage das jeweils passende Verb ein, und achte dabei auf die richtige Form.

to eat
essen

The bird is eating a cheese.

Der Vogel isst (gerade) einen Käse.

to read
lesen

The bird is reading a book.

to play
spielen

The bird is playing football.

to paint
malen

The bird is painting a worm.

Lösung

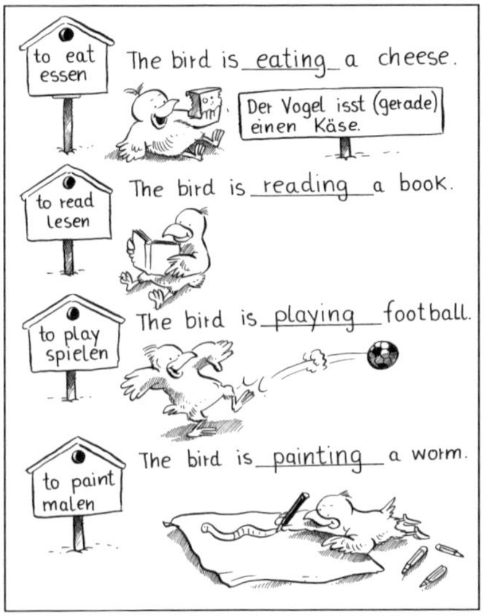
to eat
essen
The bird is eating a cheese.
Der Vogel isst (gerade) einen Käse.
to read
lesen
The bird is reading a book.
to play
spielen
The bird is playing football.
to paint
malen
The bird is painting a worm.

Alle Schulsachen sind durcheinandergeraten! Zum Glück hat jedes Kind sein Eigentum schon wieder entdeckt. Verbinde mit Linien, dann sagt dir das Lösungswort, was Ferien auf Englisch heißt.

Lösung

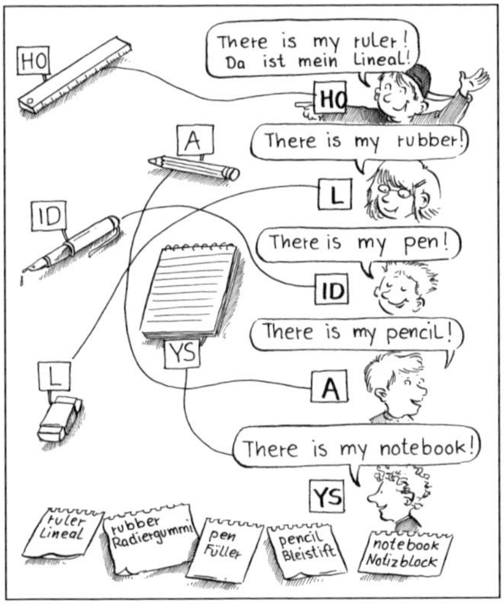

HO
There is my ruler!
Da ist mein Lineal!
HO
A
There is my rubber!
L
ID
There is my pen!
ID
There is my pencil!
YS
L
A
There is my notebook!
YS
ruler
Lineal
rubber
Radiergummi
pen
Füller
pencil
Bleistift
notebook
Notizblock

Zwiggy Zwerg ist verzweifelt! Die böse Hexe hat einige Wörter auf seinem Wochenplan weggezaubert, und jetzt weiß er nicht mehr, was er an welchem Tag essen wollte. Hilf ihm, und ergänze alle fehlenden Wörter.

Monday	On Monday I eat a Tomato. Am Montag esse ich eine Tomate.
Tuesday	On Tuesday I eat a Banana.
Wednesday	On Wendsday I eat a Carrot.
Thursday	On Thursday I eat a mushroom.
Friday	On Friday I eat a apple.
Saturday	On Saturday I eat an pear.
Sunday	On Sunday I eat an egg.

Lösung

Monday
On Monday I eat a tomato.
Am Montag esse ich eine Tomate.
Tuesday
On Tuesday I eat a pear.
Wednesday
On Wednesday I eat a banana.
Thursday
On Thursday I eat a carrot.
Friday
On Friday I eat a mushroom.
Saturday
On Saturday I eat an apple.
Sunday
On Sunday I eat an egg.

In diesem Haus ist aber viel los!
Findest du alle Tiere? Kreise sie ein,
und ergänze die Sätze richtig.

The dog is in the Kitchen.
The cat is in the bed room.
The goldfish is in the dining room.
The budgie is in the sitting room.

Lösung

chimney
window
roof
bathroom
toilet
bedroom
sitting room
kitchen
dining room
The dog is in the kitchen.
The cat is in the bedroom.
The goldfish is in the dining room.
The budgie is in the sitting room.

Oje, Mike hat die Fotos seiner Schwester durcheinandergebracht. Kannst du sie wieder in die richtige Reihenfolge bringen? Das Lösungswort verrät dir, wohin Mikes Schwester danach gegangen ist.

Lösung

Mikes Schwester ist danach in die **Schule** gegangen.

Der Lkw-Fahrer Mr Johnson hat einige Früchte verloren. Kannst du ihm helfen, sie wieder einzusammeln? Kreise die richtigen Wörter farbig ein.

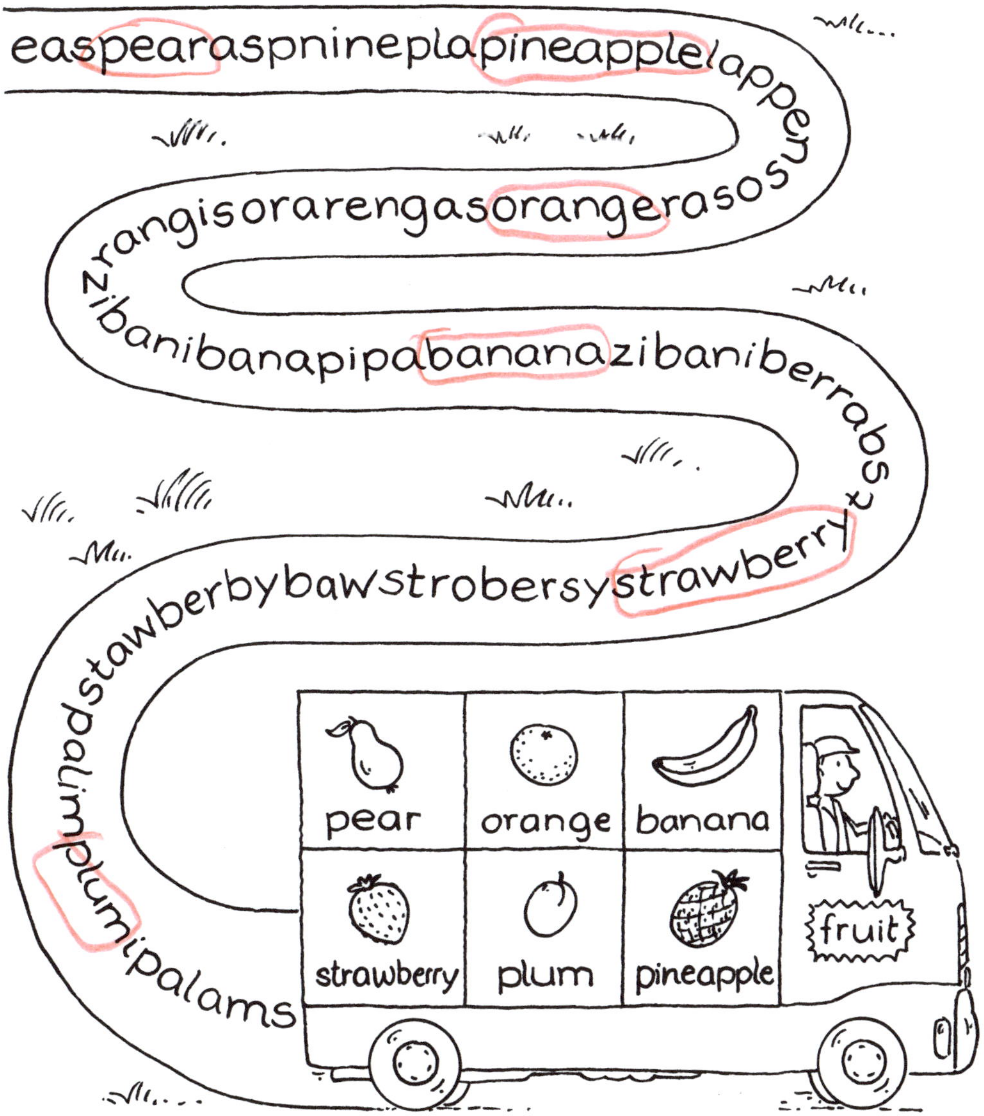

Lösung

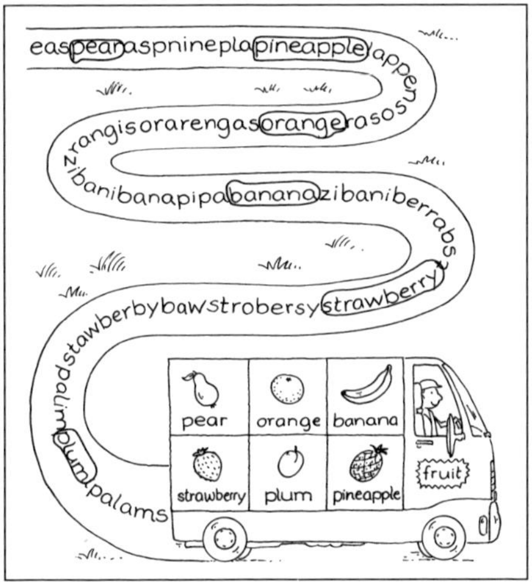
easpearaspnineplapineappleappensosarasorangesagnerarosisgnarz
zibanibanapipabananazibaniberrabs
strawberrysyrebortswabybrebwatsdpalimplumpalams
pear
orange
banana
strawberry
plum
pineapple
fruit

Im Elektroladen ist einiges los!
Entdeckst du die 13 Fehler auf dem unteren Bild? Kreise sie ein, und sprich dazu: There's a mistake at the …

Bunte Pause

Lösung

television set
cooker
radio
For sale!
toaster
dishwasher
television set
cooker
radio
For sale!
toaster
dishwasher

Pit möchte zu seiner Trauminsel segeln.
Aber wie kommt er dorthin?
Folge den Wochentagen in der richtigen Reihenfolge, dann findest du den Weg.

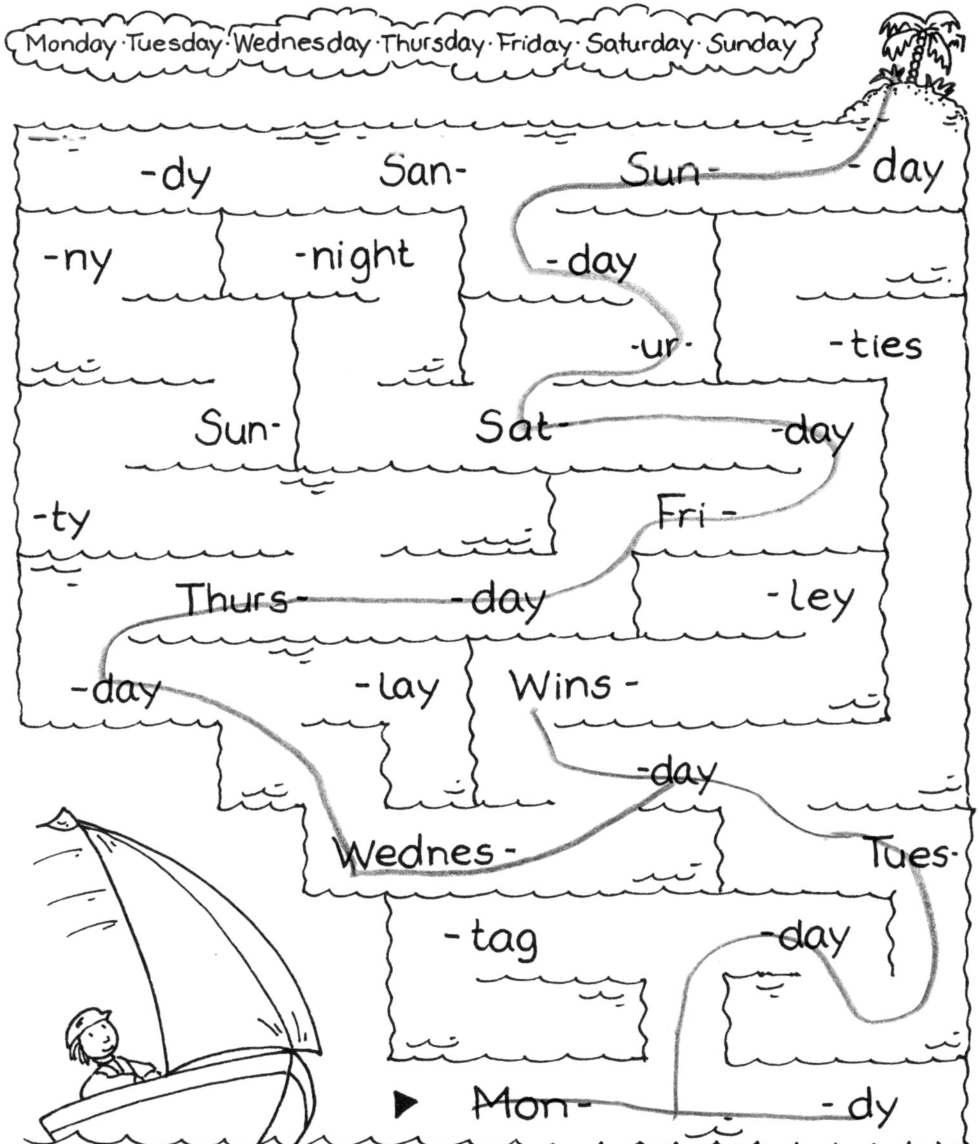

Lösung

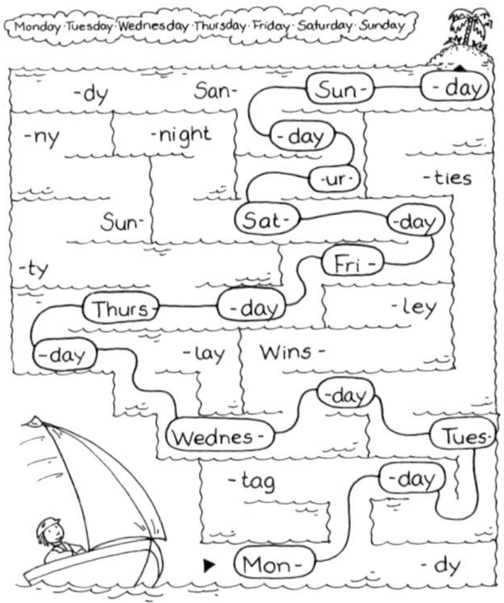

Monday · Tuesday · Wednesday · Thursday · Friday · Saturday · Sunday
-dy
San-
Sun-
-day
-ny
-night
-day
-ur-
-ties
Sun-
Sat-
-day
-ty
Fri -
Thurs
-day
-ley
-day
-lay
Wins -
-day
Wednes-
Tues-
-tag
-day
Mon-
-dy

Beim Staubwischen sind Judy alle Wörter durcheinandergeraten. Kannst du sie wieder richtig aufschreiben?

radio clock vase rug lamp wardrobe table

Lösung

radio
clock
vase
rug
lamp
wardrobe
table
colck
clock
rodia
radio
dwarrebo
wardrobe
plam
lamp
saev
vase
gru
rug
tebla
table

Kennst du schon die Körperteile auf Englisch? Trage sie richtig ein, und du erfährst, wo Sally sich gerade sonnt.

head · mouth · nose · eye · ear · hair · shoulder · belly · arm · hand · leg · foot · toe

I'm on the B E A C H.

Lösung

I'm on the **beach**.
Ich bin am **Strand**.

Welches gefährliche Tier lebt in diesem Käfig? Kreise alle Tiernamen von oben ein. Trage dann die übrig gebliebenen Buchstaben der Reihe nach in die Kästchen ein.

tiger snake monkey kangaroo bear

penguin hippo giraffe lion zebra

Don't touch!

A	L	L	i	G	A	T	O	R

h	i	p	p	o	a	l	l
l	z	e	b	r	a	i	m
k	a	n	g	a	r	o	o
t	i	g	e	r	i	n	n
g	a	u	b	e	a	r	k
t	g	i	r	a	f	f	e
o	s	n	a	k	e	r	y

Lösung

It's an **alligator**.
Es ist ein **Alligator**.

Was für eine Schneeballschlacht! Ergänze die Wörter richtig, dann verrät dir das Lösungswort, was man im Winter unbedingt braucht.

Lösung

I've got an **anorak**.
Ich habe einen **Anorak**.

Wie kommen Jill und Patrick über den Bach? Verbinde die Punkte von **one** bis **twenty**, dann siehst du es.

Bunte Pause

Lösung

It's a **bridge**.
Es ist eine **Brücke**.

Toby kann jede Menge Gemüse in seinem Garten ernten. Hilf ihm beim Zählen, und ergänze Tobys Liste. Achtung: In der Mehrzahl musst du ein -s an die Wörter hängen!

Lösung

tomato
pumpkin
pepper
carrot
onion
one·two·three·four·five·six·seven·eight·nine·ten
There are...
eight tomatoes
three pumpkins
seven peppers
ten carrots
four onions

Mike erzählt der Tierärztin von seinem Hund. Willst du seinen Namen wissen? Dann ordne die Wörter richtig zu, und trage die Anfangsbuchstaben in die Kästchen ein. Den ersten Buchstaben schreibst du groß.

Lösung

John's dog is called **Shatts**.
Johns Hund heißt **Shatts**.

Die kleine Hexe Hortense kann Dinge zaubern, die sich reimen. Male die Reimpaare jeweils mit der gleichen Farbe an.

Lösung

Kennst du die englischen Monatsnamen? Wenn du sie richtig miteinander verbindest, siehst du etwas, was es im Dezember in vielen Häusern gibt.

Lösung

It's a **Christmas tree**.
Es ist ein **Weihnachtsbaum**.

Susan hat ihre Sachen für den Ausflug gepackt. Aber hat sie nicht etwas vergessen? Kreise alle Wörter ein, und die übrig gebliebenen Buchstaben verraten dir, was es ist.

p	e	n	s	a	g	g	m
u	m	b	r	e	l	l	a
r	n	o	d	w	a	o	p
s	c	o	m	b	s	v	e
e	i	k	e	y	s	e	a
a	p	p	l	e	e	s	r
c	h	t	i	s	s	u	e

Lösung

Oh – I forgot my **sandwich**!

Oh – ich habe mein **Sandwich** vergessen!

Wenn du alle Felder richtig ausmalst, siehst du, welches Tier sich im schottischen See Loch Ness versteckt.

Bunte Pause

Lösung

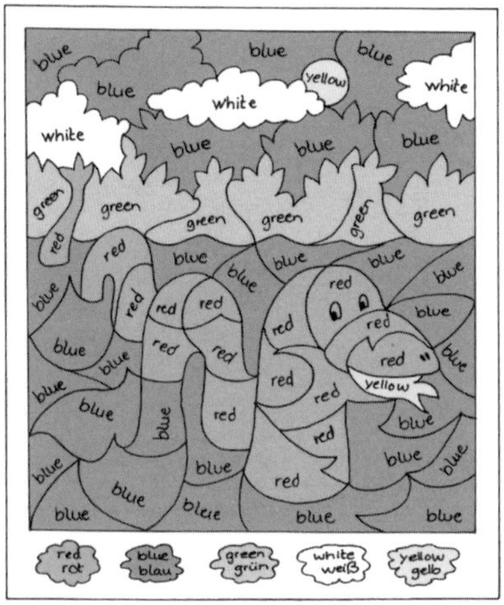

It's **Nessi**.
Es ist **Nessi**.

Am Strand gibt es für Tom viel zu entdecken. Trage die Wörter in das Gitter ein. Die grauen Felder verraten dir, was Tom am liebsten mag.

Lösung

Tom likes **holidays** best.
Tom mag am liebsten **Ferien**.

Fertig zum Ausreiten! Ordne die Wörter den richtigen Dingen auf dem Ponyhof zu, und sprich laut dazu: This is a …

Lösung

donkey
Esel
fence
Zaun
rider
Reiterin
pony
Pony
stable
Stall
saddle
Sattel
tree
Baum

Freddy, der kleine Drache, bekommt viermal am Tag großen Hunger. Aber wann gibt es welche Mahlzeit? Ergänze richtig.

In the ______________

I have ______________.

At ____________

I have ____________.

morning afternoon breakfast lunch

tea evening noon dinner

In the ______________

I have a cup of _______.

In the ______________

I have ______________.

Lösung

In the morning I have breakfast.
At noon I have lunch.
morning
afternoon
breakfast
lunch
tea
evening
noon
dinner
In the afternoon I have a cup of tea.
In the evening I have dinner.

In der Zauberschule hat Benny Purzelwörter an die Tafel gezaubert. Aber wie heißen sie richtig? Schreibe sie jeweils darunter.

Lösung

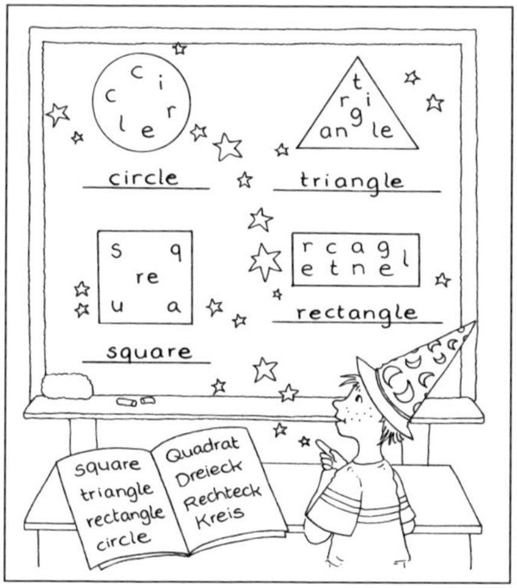
circle
triangle
square
rectangle
square
triangle
rectangle
circle
Quadrat
Dreieck
Rechteck
Kreis

Spurensuche auf dem Bauernhof!
Wer hat hier jeweils seine Spur hinterlassen? Ergänze richtig.

This is the trail of a

________________.

This is the trail of a

________________.

Das ist die Spur von einem ...

This is the trail of a

________________.

This is the trail of a

________________.

Lösung

This is the trail of a sheep.

This is the trail of a hen.

Das ist die Spur von einem ...

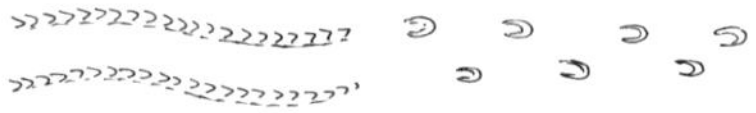

This is the trail of a tractor.

This is the trail of a horse.

Sarah, Nick und Cathy kommen mit unterschiedlichen Verkehrsmitteln zur Schule. Folge den Linien, dann kannst du die Sprechblasen ergänzen.

Bunte Pause

Lösung

Die Kinder haben zu Halloween jede Menge Süßigkeiten bekommen. Wenn du sie zählst und die Buchstaben richtig einträgst, erfährst du, warum es in dieser Nacht so hell ist.

There's a

19		13		15		11	

tonight.

Lösung

There's a **full moon** tonight.
Heute Nacht ist **Vollmond**.

Mmmh! Was isst jedes Tier am liebsten?
Ziehe Verbindungen von jedem Tier zu seiner Lieblingsspeise, und trage die Wörter ein.

Lösung

sausages
cheese
bread
milk
carrots
I like cheese.
I like milk.
I like sausages.
I like carrots.
I like bread.

Joey ist zu klein, um die Preisschilder lesen zu können. Die Verkäuferin liest sie ihm vor. Kannst du ihre Sätze ergänzen?

police car
ship
fire engine
ball
rocket

The police car is seven pounds.

The rocket is ______ pounds.

The __________ is four pounds.

The fire engine is ______ pounds.

The __________ is eight pounds.

Lösung

7.-£
12.-£
4.-£
11.-£
8.-£
police car
ship
fire engine
ball
rocket
The police car is seven pounds.
The rocket is twelve pounds.
The ball is four pounds.
The fire engine is eleven pounds.
The ship is eight pounds.

Simon ist mit seiner Schwester im Kino. Da sie den Film nicht so gut versteht, stellt sie ihm viele Fragen. Kannst du sie richtig beantworten? Kreuze an.

Is the thief in the kitchen?

☐ Yes, he is in the kitchen.

☐ No, he isn't in the kitchen.

Is the dog in the house?

☐ Yes, it is in the house.

☐ No, it isn't in the house.

Is the policeman in the car?

☐ Yes, he ________ in the car.

☐ No, he ________ in the car.

Is the thief in the garden?

☐ Yes, ____ ______ in the garden.

☐ No, ____ ______ in the garden.

yes, he is ...	no, he isn't	thief	policeman	kitchen	garden	car
ja, er ist ...	nein, er ist nicht	Dieb	Polizist	Küche	Garten	Auto

Lösung

Is the thief in the kitchen?

- ☐ Yes, he is in the kitchen.
- ☒ No, he isn't in the kitchen.

Is the dog in the house?

- ☒ Yes, it is in the house.
- ☐ No, it isn't in the house.

Is the policeman in the car?

- ☐ Yes, he is in the car.
- ☒ No, he isn't in the car.

Is the thief in the garden?

- ☒ Yes, he is in the garden.
- ☐ No, he isn't in the garden.

yes, he is ...	no, he isn't	thief	policeman	kitchen	garden	car
ja, er ist ...	nein, er ist nicht	Dieb	Polizist	Küche	Garten	Auto

Weißt du, wann der kleine Vampir aufsteht? Wenn du die Zeiger richtig in die Uhren malst und dann die passenden Buchstaben einträgst, erfährst du es.

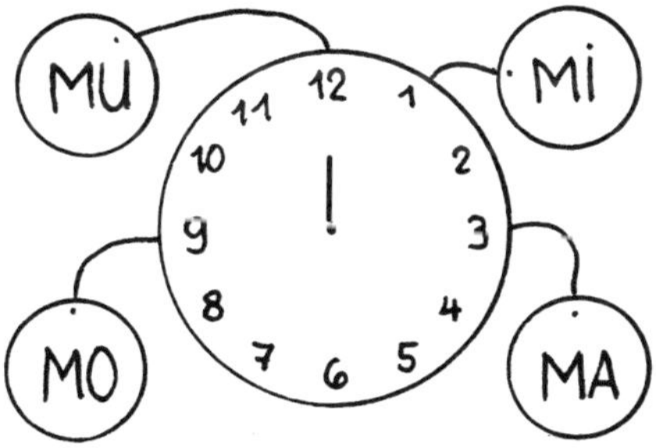

① five past twelve

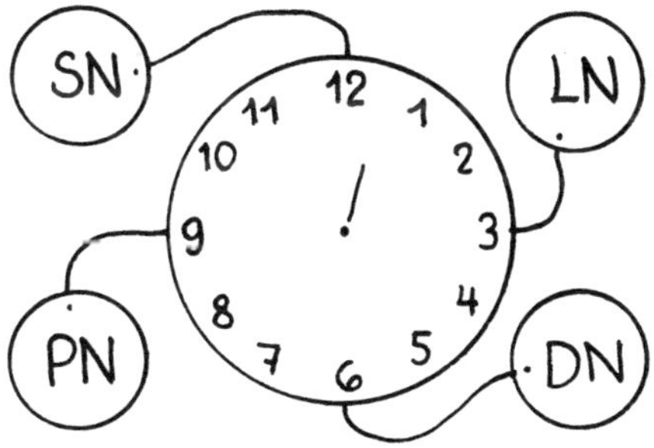

② half past twelve

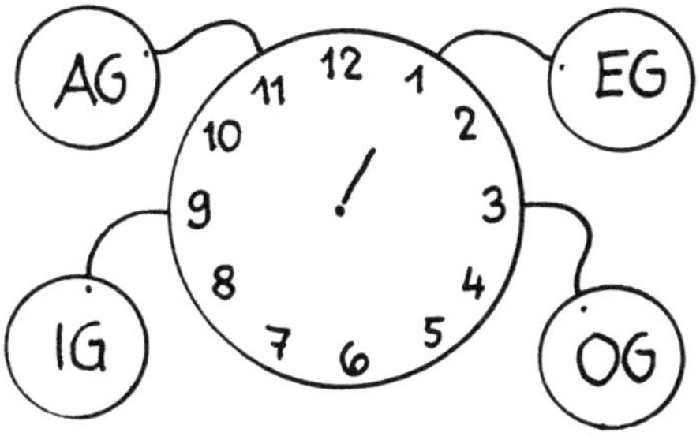

③ a quarter to one

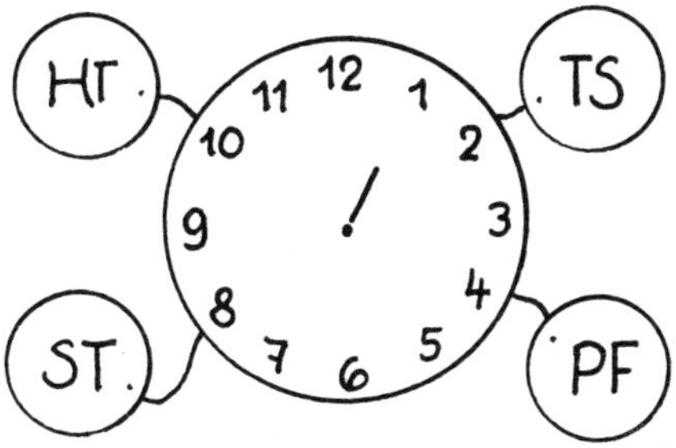

④ ten to one

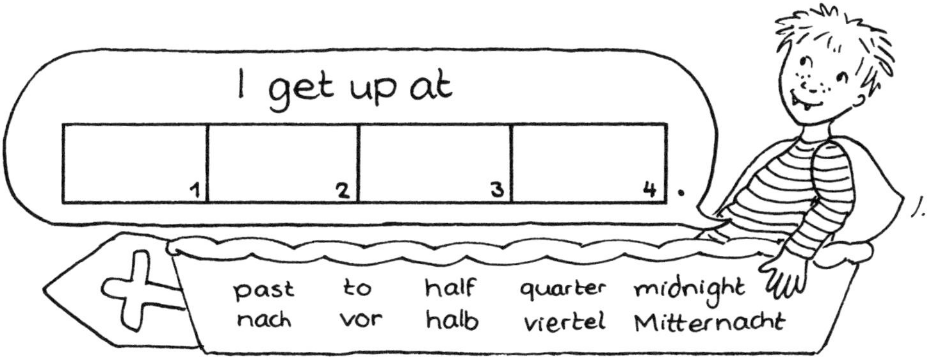

Lösung

I get up at **midnight**.

Ich stehe um **Mitternacht** auf.

Jenny möchte verschiedene Fahnen ausmalen. Hilf ihr dabei, und male die Fahnen in den richtigen Farben schön aus.

Bunte Pause

Lösung

Canada
Ireland
2 red
1 orange
3 blue
4 green
Great Britain
USA

Der Regen hat einige Wörter verwaschen.
Wenn du die fehlenden Buchstaben
ergänzt, verrät dir das Lösungswort,
was Tom und Tina gerade entdecken.

Lösung

There is a **rainbow**!
Dort ist ein **Regenbogen**!

Carrie sitzt in der Badewanne.
Aber wo sind ihre Badesachen?
Trage die richtigen Verhältniswörter ein.

The frog is ________ the bathtub.

The ship is ____________ the bathtub.

The sponge is ______ the chair.

The soap is ____________ the carpet.

The doll is ______ the bathtub.

Lösung

The frog is behind the bathtub.

The ship is in front of the bathtub.

The sponge is on the chair.

The soap is under the carpet.

The doll is in the bathtub.

Linda hat neue Schilder für ihren Blumenladen angefertigt. Hilfst du ihr, die Pflanzennamen richtig einzutragen?

Lösung

tulip - Tulpe
rose - Rose
sunflower - Sonnenblume
daisy - Gänseblümchen
palm tree - Palme
cactus - Kaktus
palm tree 9,-
cactus 4,-
tulip -,70
rose 1,-
sunflower 2,-
daisy -,30

Kelly und Kevin haben ihre Freunde eingeladen, doch der Tisch ist noch nicht ganz fertig gedeckt. Was fehlt jeweils noch? Zähle nach, und ergänze die Sätze.

Lösung

plates
cups
forks
knives
spoons
We need one more plate.
We need two more cups.
We need three more forks.
We need four more knives.
We need five more spoons.

Peggy will ihren Koffer für den Sommerurlaub packen. Aber was muss sie mitnehmen? Schreibe die passenden Dinge in den Koffer, und male sie an.

Lösung

coat
T-shirt
swimsuit
boots
sunglasses
gloves
skirt
scarf
sandals
swimsuit
sunglasses
sandals
skirt
T-shirt

Wie viele Kronen kannst du im Saal der Königskinder entdecken? Schreibe das englische Zahlwort auf.

Bunte Pause

There are __________ crowns.

Lösung

Die vier Kinder feiern heute ihren Geburtstag.
Weißt du, wie alt sie jeweils geworden sind?
Schau genau, und vervollständige die Sätze.

I am ____________ years old.

I am ____________ years ________.

I am ____________ ________ old.

I am ____________ ________ ________.

Lösung

I am ten years old.
I am eight years old.
I am 11 years old! Ich bin 11 Jahre alt!
I am seven years old.
I am nine years old.

Die Ferienkinder telefonieren mit
ihren Omas, die nach dem Wetter fragen.
Kannst du die Fragen richtig beantworten?

Lösung

Is it cold ?
No, it is hot.
Is it cloudy?
No, it is sunny.
weather forecast - Wettervorhersage
sunny sonnig
fine schön
clear klar
cloudy wolkig
rainy regnerisch
foggy neblig
hot heiß
cold kalt
Is it fine?
No, it is rainy.
Is it foggy?
No, it is clear.

Picknick im Grünen! John mag lieber herzhaftes Essen, Jane dagegen mag nur süße Dinge. Trage jeweils die entsprechenden Wörter ein.

Lösung

I like onions, sausages, fish and cheese.
I like honey, chocolate, jam and yoghurt.
honey
jam
cheese
chocolate
onions
fish
sausages
yoghurt

Was möchte jedes Kind machen? Trage die passenden Zeitwörter in die Sprechblasen ein. Achtung: Bei **dance** und **ride** fällt das -e am Ende weg.

Lösung

Let's go swimming.
Let's go riding.
to paint malen
to swim schwimmen
to ski Ski fahren
to dance tanzen
to ride reiten
Let's go... Gehen wir...
Let's go painting.
Let's go skiing.
Let's go dancing.

Hier siehst du viele kleine Tiere.
Verbinde richtig, und trage die
Buchstaben in die Kästchen ein.
Schon weißt du, wo die Tiere leben.

They live [ ]1 [ ]2 the [ ]3 [ ]4 [ ]5 [ ]6 [ ]7 [ ]8 .

snail
Schnecke
1

fly
Fliege
2

bee
Biene
3

butterfly
Schmetterling
4

caterpillar
Raupe
5

worm
Wurm
6

ladybird
Marienkäfer
7

grasshopper
Grashüpfer
8

Lösung

They live **in** the **meadow**.
Sie leben **in** der **Wiese**.

Die Queen will zu ihrem Palast. Zeige ihr den Weg, und sammle unterwegs die Buchstaben ein. Dann erfährst du, in welcher Stadt der Palast steht.

Bunte Pause

Lösung

Der Palast steht in LONDON.

Chris zeigt Jenny sein Fotoalbum. Aber seine Sätze sind ganz durcheinandergeraten. Kannst du sie richtig zusammensetzen?

My uncle | is | my mother's sister. | is | my grandfather's daughter.

is | My aunt | My mother | is

my aunt's brother. | My father | my grandmother's son.

My uncle is ______________________________

____

____

____

Lösung

My uncle
is
my mother's sister.
is
my grandfather's daughter.
is
My aunt
My mother
is
my aunt's brother.
My father
my grandmother's son.
My uncle is my aunt's brother.
My aunt is my mother's sister.
My father is my grandmother's son.
My mother is my grandfather's daughter.
father - Vater
grandfather - Großvater
uncle - Onkel
son - Sohn
brother - Bruder
mother - Mutter
grandmother - Großmutter
aunt - Tante
daughter - Tochter
sister - Schwester

Josephine strickt gern. Welche Sachen hat sie schon gestrickt? Kreise die richtigen Wörter auf dem Schal bunt ein.

Lösung

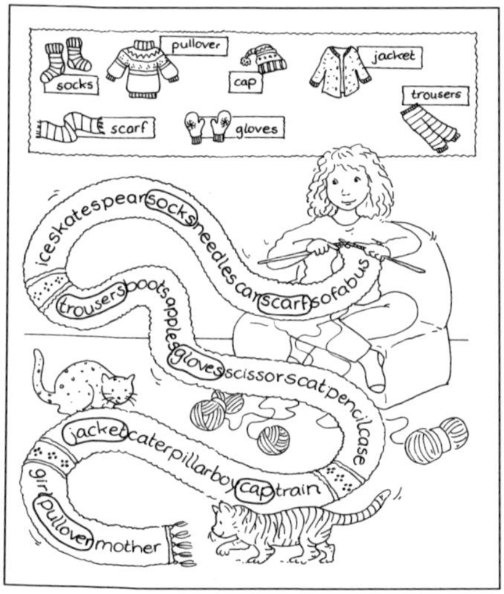

socks
pullover
cap
jacket
trousers
scarf
gloves
iceskatespearsocksneedlescarscarfsofabus
trousersbootsapplesglovesscissorscatpencilcase
jacketcaterpillarboycaptrain
girlpullovermother